Impressum
Verlag: BABADADA GmbH, Nedderfeld 112 , 22529 Hamburg
Geschäftsführer / Verlagsleitung: Harald Hof
Druck: Books on Demand GmbH, In de Tarpen 42, 22848 Norderstedt

Imprint
Publisher: BABADADA GmbH, Nedderfeld 112 , 22529 Hamburg, Germany
Managing Director / Publishing direction: Harald Hof
Print: Books on Demand GmbH, In de Tarpen 42, 22848 Norderstedt, Germany

# Szkoła

## училище

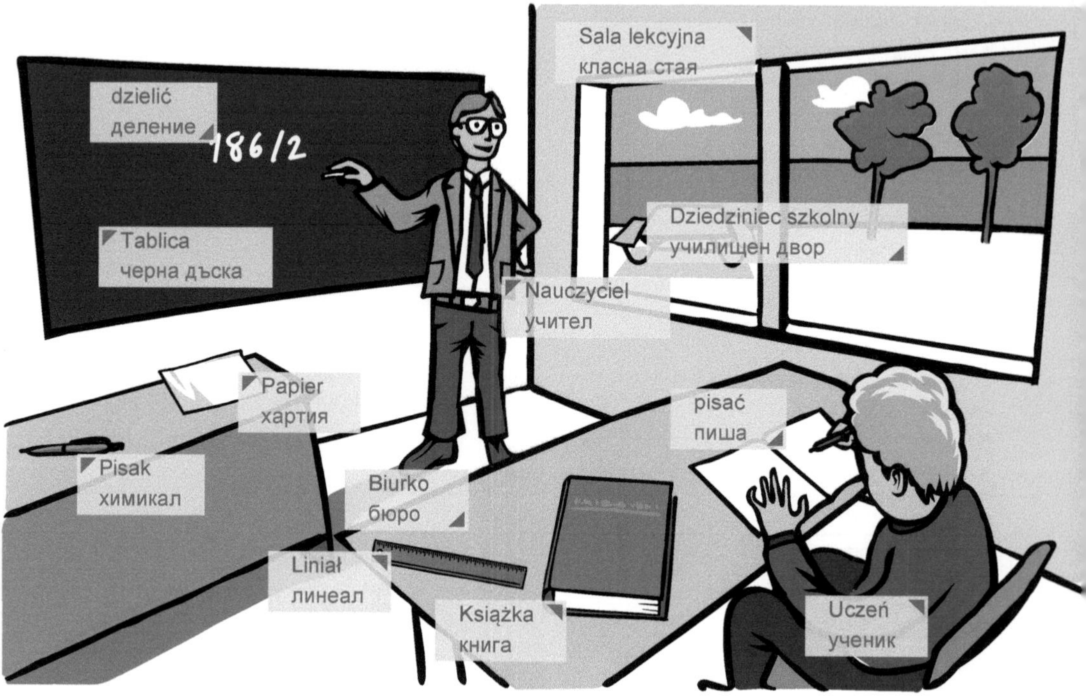

Sala lekcyjna
класна стая
dzielić
деление
186/2
Tablica
черна дъска
Dziedziniec szkolny
училищен двор
Nauczyciel
учител
Papier
хартия
pisać
пиша
Pisak
химикал
Biurko
бюро
Liniał
линеал
Książka
книга
Uczeń
ученик


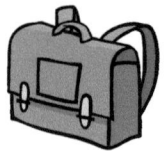

Plecak szkolny

ученическа раница

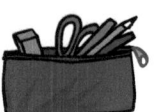

Piórnik

ученически несесер

Ołówek

молив

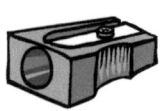

Temperówka

острилка за моливи

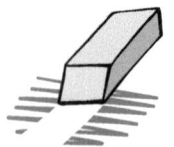

Gumka do mazania

гума

Blok rysunkowy

блок за рисуване

Rysunek

рисунка

Pędzel

четка

Pudełko z akwarelami

акварелни бои

Nożyce

ножица

Klej

лепило

Książka do ćwiczenia

тетрадка за упражнения

Zadanie domowe

домашна работа

Liczba

число

dodawać

събиране

odejmować

изваждане

mnożyć

умножение

liczyć

смятане

Litera

буква

Alfabet

азбука

Słowo

дума

**Tekst**

текст

**czytać**

чета

**Kreda**

тебешир

**Godzina**

час

**Dziennik lekcyjny**

дневник на класа

**Egzamin**

изпит

**Świadectwo**

свидетелство

**Mundurek szkolny**

ученическа униформа

**Wykształcenie**

образование

**Leksykon**

справочник

**Uniwersytet**

университет

**Mikroskop**

микроскоп

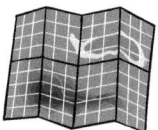

**Mapa**

карта

**Kosz na odpadki**

кошче за хартиени
отпадъци

# Podróż

## пътуване

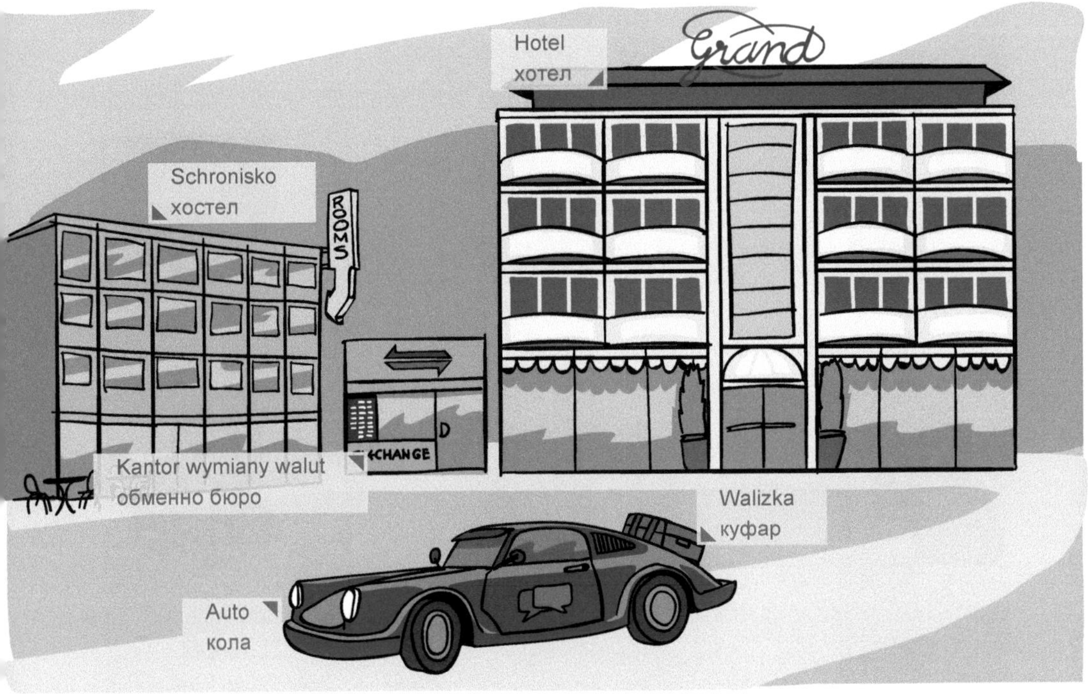

Hotel
хотел
Grand
Schronisko
хостел
ROOMS
EXCHANGE
Kantor wymiany walut
обменно бюро
Walizka
куфар
Auto
кола

Język
език

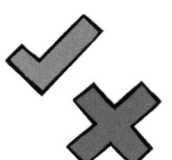

tak / nie
да / не

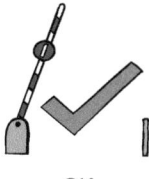

OK
Окей

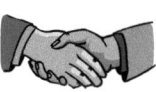

Halo
здравей

Tłumacz
преводач

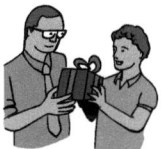

Dziękuję
Благодаря

Ile kosztuje ...?

Колко струва...?

Nie rozumiem

Не разбирам

Problem

проблем

Dobry wieczór!

Добър вечер!

Dzień dobry!

Добро утро!

Dobranoc!

Лека нощ!

Do widzenia

довиждане

Kierunek

посока

Bagaż

багаж

Torba

пътна чанта

Plecak

раница

Gość

посетител

Pokój

стая

Śpiwór

спален чувал

Namiot

палатка

**Informacja turystyczna**

туристическа информация

**Plaża**

плаж

**Karta kredytowa**

кредитна карта

**Śniadanie**

закуска

**Obiad**

обед

**Kolacja**

вечеря

**Bilet**

билет

**Winda**

асансьор

**Znaczek na list**

пощенска марка

**Granica**

граница

**Cło**

митница

**Ambasada**

посолство

**Wiza**

виза

**Paszport**

паспорт

# Transport

# транспорт

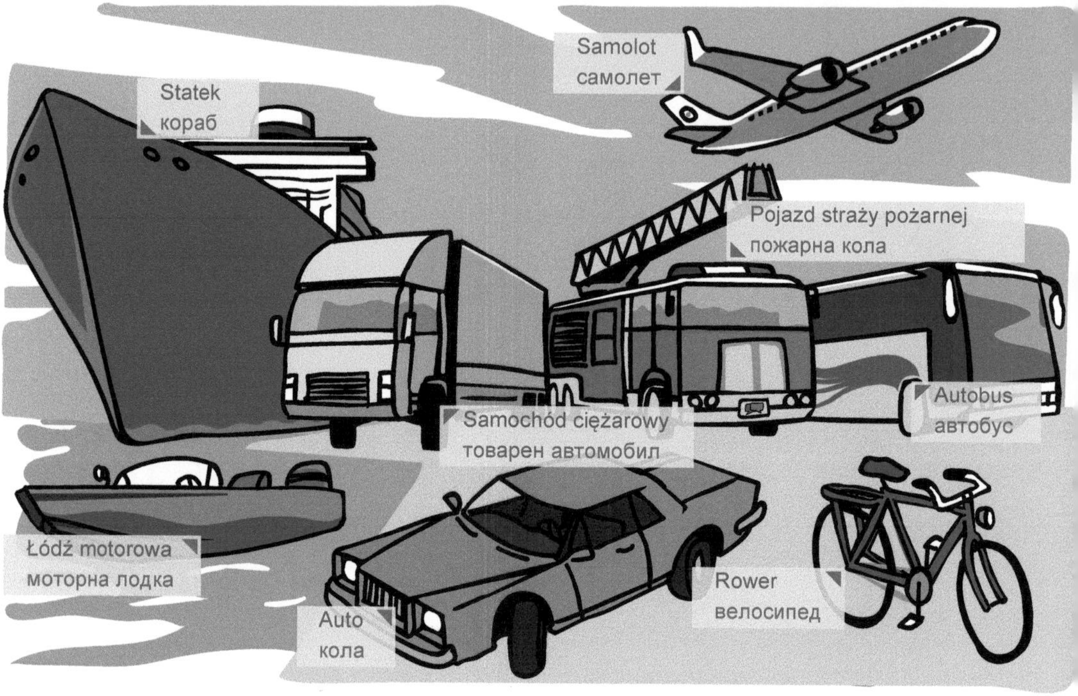
Samolot
самолет
Statek
кораб
Pojazd straży pożarnej
пожарна кола
Autobus
автобус
Samochód ciężarowy
товарен автомобил
Łódź motorowa
моторна лодка
Rower
велосипед
Auto
кола

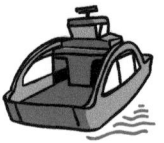

Prom

феribот

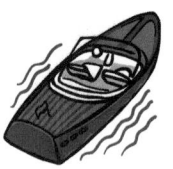

Łódź

лодка

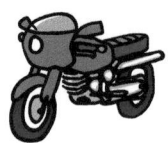

Motocykl

мотоциклет

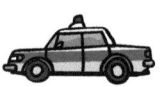

Radiowóz policyjny

полицейска кола

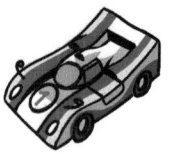

Samochód wyścigowy

състезателна кола

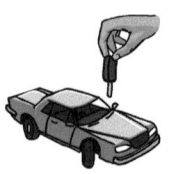

Samochód wypożyczony

кола под наем

Wspólne przejazdy
samochodem
......................
каршеринг

Samochód pomocy
drogowej
автомобил от "Пътна
помощ"

Śmieciarka
......................
сметовоз

Silnik
......................
двигател

Benzyna
......................
бензин

Stacja benzynowa
......................
бензиностанция

Znak drogowy
......................
пътен знак

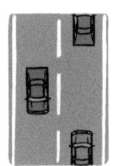

Ruch
......................
улично движение

Korek
......................
задръстване

Parking
......................
паркинг

Dworzec
......................
гара

Szyny
......................
релси

Pociąg
......................
влак

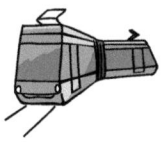

Tramwaj
......................
трамвай

Wagon
......................
вагон

**Helikopter**

хеликоптер

**Lotnisko**

аерогара

**Wieża**

кула

**Pasażer**

пасажер

**Kontener**

контейнер

**Karton**

кашон

**Taczka**

ръчна количка

**Kosz**

кошница

**startować / lądować**

излитам / приземявам се

## Miasto

## град

**Wieś**

село

**Centrum miasta**

градски център

**Dom**

къща

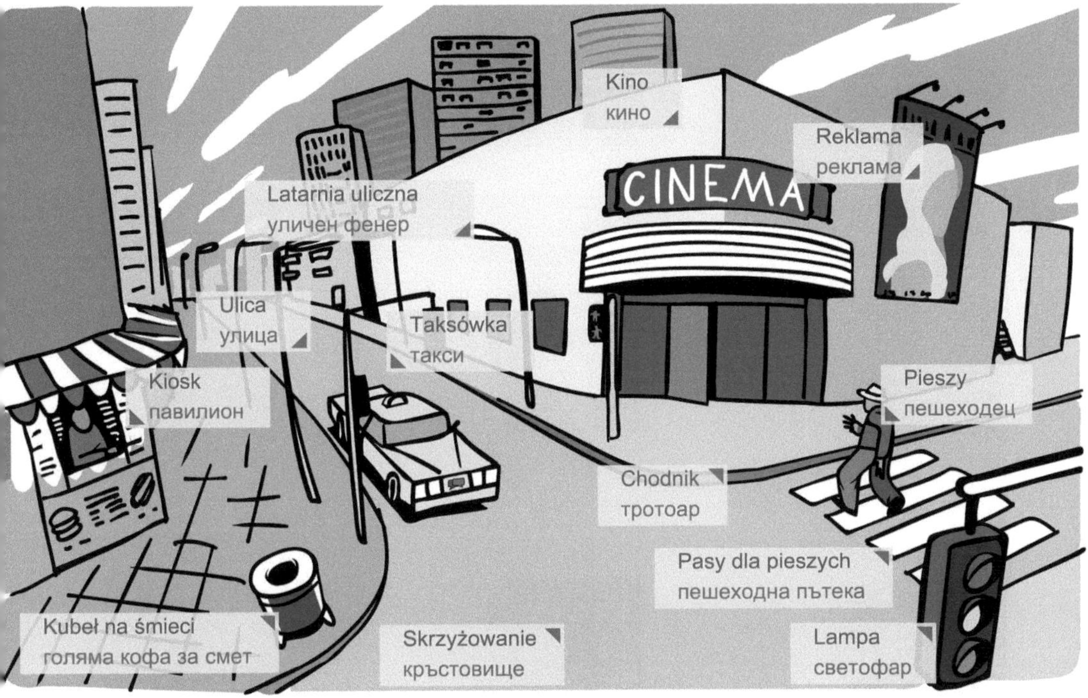

Kino
кино

Reklama
реклама

Latarnia uliczna
уличен фенер

CINEMA

Ulica
улица

Taksówka
такси

Pieszy
пешеходец

Kiosk
павилион

Chodnik
тротоар

Pasy dla pieszych
пешеходна пътека

Kubeł na śmieci
голяма кофа за смет

Skrzyżowanie
кръстовище

Lampa
светофар

Chata
.................
хижа

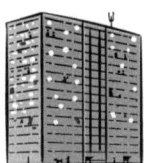

Mieszkanie
.................
жилище

Dworzec
.................
гара

Ratusz
.................
кметство

Muzeum
.................
музей

Szkoła
.................
училище

**Uniwersytet**

университет

**Bank**

банка

**Szpital**

болница

**Hotel**

хотел

**Apteka**

аптека

**Biuro**

офис

**Księgarnia**

книжарница

**Sklep**

магазин за цветя

**Kwiaciarnia**

магазин за цветя

**Supermarket**

супермаркет

**Rynek**

пазар

**Dom towarowy**

универсален магазин

**Sklep z rybami**

търговец на риба

**Centrum handlowe**

търговски център

**Port**

пристанище

Park

парк

Ławka

пейка

Most

мост

Schody

стълба

Metro

метро

Tunel

тунел

Przystanek autobusowy

автобусна спирка

Bar

бар

Restauracja

ресторант

Skrzynka na listy

пощенска кутия

Tabliczka z nazwą ulicy

улична табелка

Parkometr

часовник за паркинг
престой

Zoo

зоологическа градина

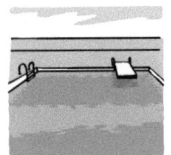

Łaźnia

плувен басейн

Meczet

джамия

**Gospodarstwo chłopskie**

селски двор

**Zanieczyszczenie środowiska**

замърсяване на околната среда

**Cmentarz**

гробище

**Kościół**

църква

**Plac zabaw**

детска площадка

**Świątynia**

храм

# Krajobraz
## пейзаж

Liść
листо

Drogowskaz
пътепоказател

Droga
път

Łąka
ливада

Kamień
камък

Drzewo
дърво

Wędrowiec
пътешественик

Rzeka
река

Trawa
трева

Kwiat
цвете

**Dolina**

долина

**Góra**

планина

**Jezioro**

море

**Las**

гора

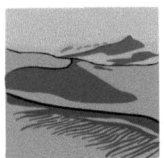

**Pustynia**

пустиня

**Wulkan**

вулкан

**Zamek**

замък

**Tęcza**

дъга

**Grzyb**

гъба

**Palma**

палма

**Komar**

комар

**Mucha**

муха

**Mrówka**

мравка

**Pszczoła**

пчела

**Pająk**

паяк

Chrząszcz

бръмбар

Żaba

жаба

Wiewiórka

катеричка

Jeż

таралеж

Zając

заек

Sowa

кукумявка

Ptak

птица

Łabędź

лебед

Dzik

диво прасе

Jeleń

елен

Łoś

лос

Tama

бент

Wiatrak

вятърна турбина

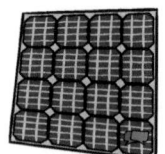

Moduł solarny

соларен модул

Klimat

климат

# Restauracja
# ресторант

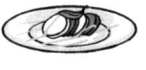

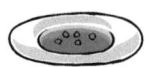

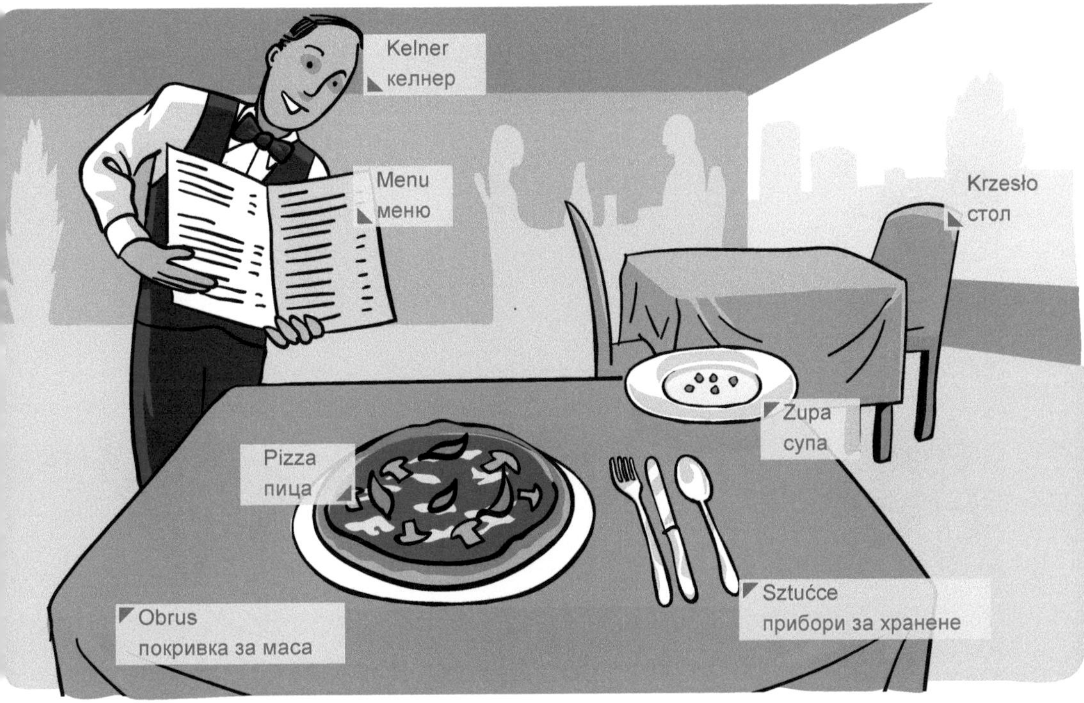

Kelner
келнер
Menu
меню
Krzesło
стол
Zupa
супа
Pizza
пица
Sztućce
прибори за хранене
Obrus
покривка за маса


Przystawka

предястие

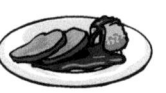

Danie główne

основно ястие

Deser

десерт

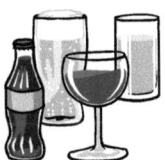

Napoje

напитки

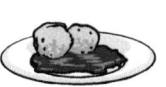

Jedzenie

ядене

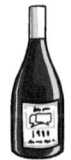

Butelka

бутилка

**Fastfood**

бързо хранене

**Streetfood**

улична храна

**Dzbanek na herbatę**

кана за чай

**Cukierniczka**

кутия за захар

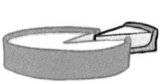

**Porcja**

порция

**Zaparzarka do espresso**

еспресо машина

**Krzesło dla dziecka**

висок детски стол

**Rachunek**

сметка

**Taca**

табла

**Nóż**

ножица за нокти

**Widelec**

вилица

**Łyżka**

лъжица

**Łyżeczka**

чаена лъжичка

**Serwetka**

салфетка

**Szklanka**

стъклена чаша

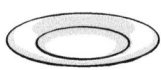

Talerz

чиния

Talerz do zupy

чиния за супа

Podstawek pod filiżankę

чинийка

Sos

сос

Solniczka

солница

Młynek do pieprzu

мелничка за черен пипер

Ocet

оцет

Olej

олио

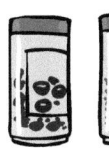

Przyprawy

подправки

Keczup

кетчуп

Musztarda

горчица

Majonez

майонеза

# Supermarket

## супермаркет

Oferta
оферта
FOR
Klient
клиент
Produkty mleczne
млечни продукти
Owoce
плодове
Wózek sklepowy
количка за покупки


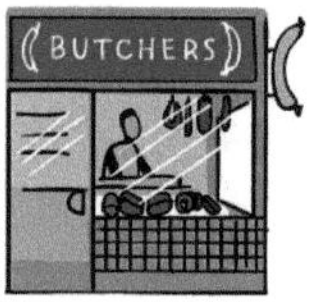

BUTCHERS


Rzeźnia

клaница

BAKERY


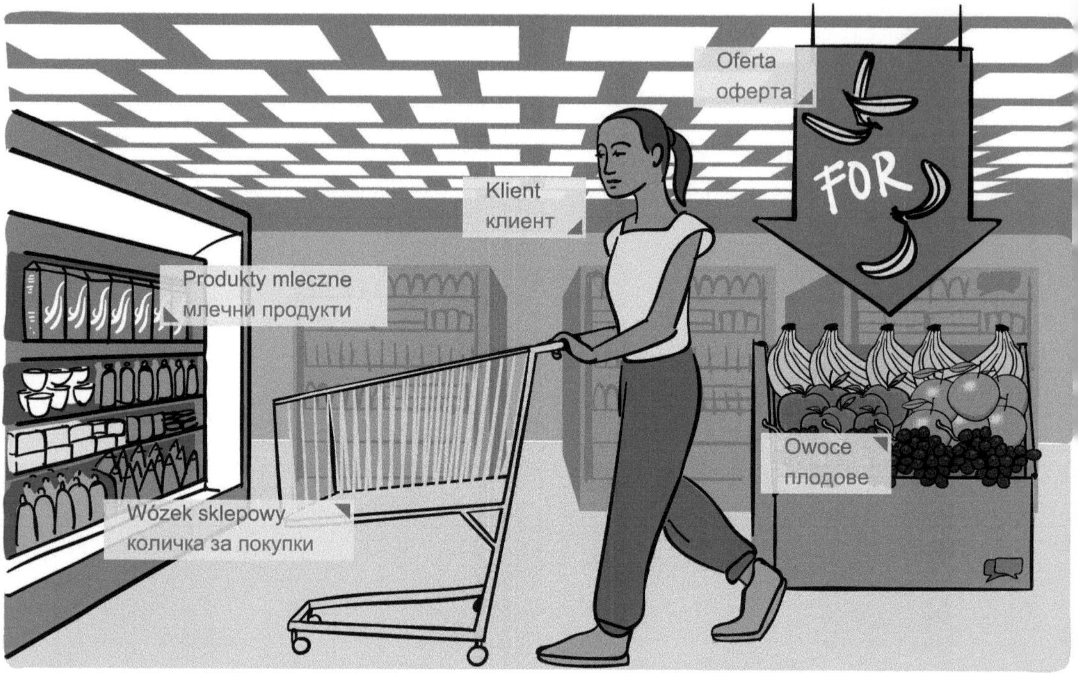

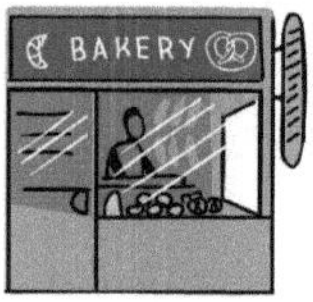

Piekarnia

хлебарница

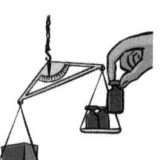

ważyć

тегля

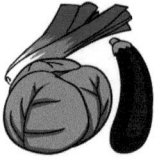

Warzywa

зеленчуци

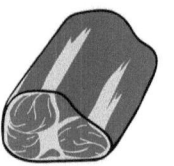

Mięso

месо

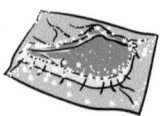

Mrożonki

дълбоко замразена храна

**Wędliny**

нарязан колбас или сирене

**Konserwy**

консерви

**Proszek m do prania**

перилен препарат

**Słodycze**

лакомства

**Artykuły użytku domowego**

домакински изделия

**Środek czyszczący**

почистващи препарати

**Sprzedawczyni**

продавачка

**Kasa**

каса

**Kasjer**

касиер

**Lista zakupów**

списък на покупките

**Godziny otwarcia**

работно време

**Portfel**

портфейл

**Karta kredytowa**

кредитна карта

**Torba**

чанта

**Torebka plastikowa**

пластмасова торба

Woda

вода

Sok

сок

Mleko

мляко

Cola

кола

Wino

вино

Piwo

бира

Alkohol

алкохол

Kakao

какао

Herbata

чай

Kawa

кафе машина

Espresso

еспресо

Cappuccino

капучино

Banan

банан

Jabłko

ябълка

Pomarańcza

портокал

Arbuz

пъпеш

Cytryna

лимон

Marchew

морков

Czosnek

чесън

Bambus

бамбук

Cebula

лук

Grzyb

гъба

Orzechy

ядки

Makaron

макарони

**Spaghetti**

спагети

**Ryż**

ориз

**Sałatka**

салата

**Frytki**

пържени картофи

**Ziemniaki pieczone**

печени картофи

**Pizza**

пица

**Hamburger**

хамбургер

**Kanapka**

сандвич

**Sznycel**

шницел

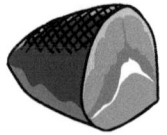

**Szynka**

шунка

**Salami**

траен колбас

**Kiełbasa**

салам

**Kura**

пиле

**Pieczeń**

печено

**Ryba**

риба

Płatki owsiane

овесени ядки

Musli

мюсли

Płatki kukurydziane

корнфлейкс

Mąka

брашно

Croissant

кроасан

Bułka

хлебчета

Chleb

хляб

Toast

препечена филийка

Ciastka

бисквити

Masło

масло

Twarożek

извара

Ciasto

сладкиш

Jajko

яйце

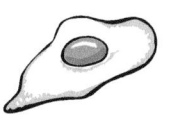

Jajko sadzone

яйца на очи

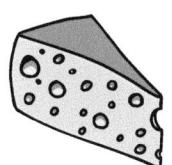

Ser

сирене

Lody

сладолед

Cukier

захар

Miód

мед

Marmolada

мармалад

Krem nugatowy

нуга крем

Curry

къри

# Gospodarstwo chłopskie

## селски двор

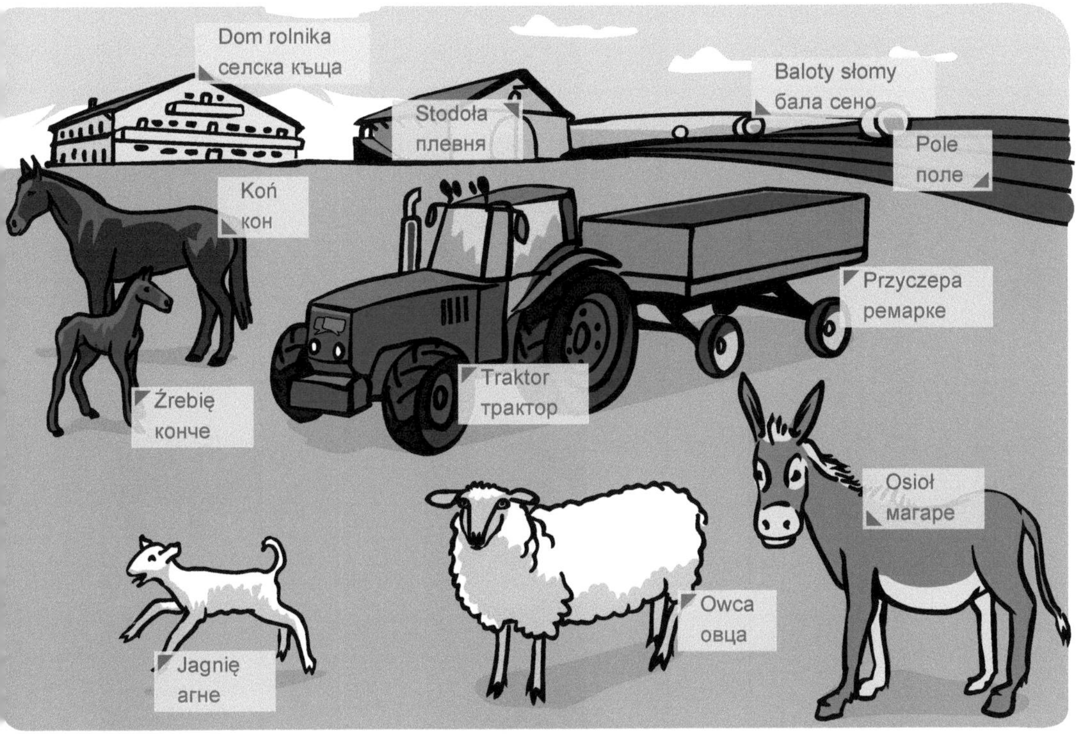

Dom rolnika
селска къща
Baloty słomy
бала сено
Stodoła
плевня
Pole
поле
Koń
кон
Przyczepa
ремарке
Traktor
трактор
Źrebię
конче
Osioł
магаре
Owca
овца
Jagnię
агне


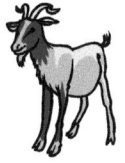

Koza

коза

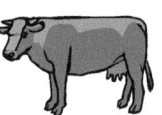

Krowa

крава

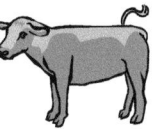

Cielę

теле

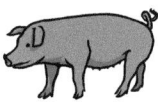

Świnia

свиня

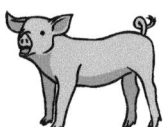

Prosię

прасенце

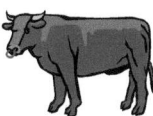

Byk

бик

Gęś

гъска

Kaczka

патица

Kurczątko

пиленце

Kura

кокошка

Kogut

петел

Szczur

плъх

Kot

котка

Mysz

мишка

Osioł

вол

Pies

куче

Buda dla psa

кучешка колиба

Wąż ogrodowy

градински маркуч

Konewka

лейка

Kosa

коса

Pług

плуг

Sierp

сърп

Graca

мотика

Widły

вила за тор

Siekiera

брадва

Taczka

ръчна количка

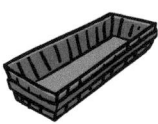

Koryto

корито

Kanka na mleko

съд за мляко

Worek

чувал

Płot

ограда

Stajnia

обор

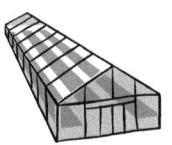

Szklarnia

парник

Ziemia

земя

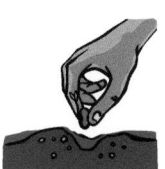

Nasiona

сеитба

Nawóz

тор

Kombajn zbożowy

комбайн

zbierać
.................
жъна

Żniwa
.................
реколта

Podchrzyn
.................
ямс

Pszenica
.................
жито

Soja
.................
соя

Ziemniak
.................
картоф

Kukurydza
.................
царевица

Rzepak
.................
рапица

Drzewo owocowe
.................
овощно дърво

Maniok
.................
маниока

Zboże
.................
зърнени храни

# Dom

## къща

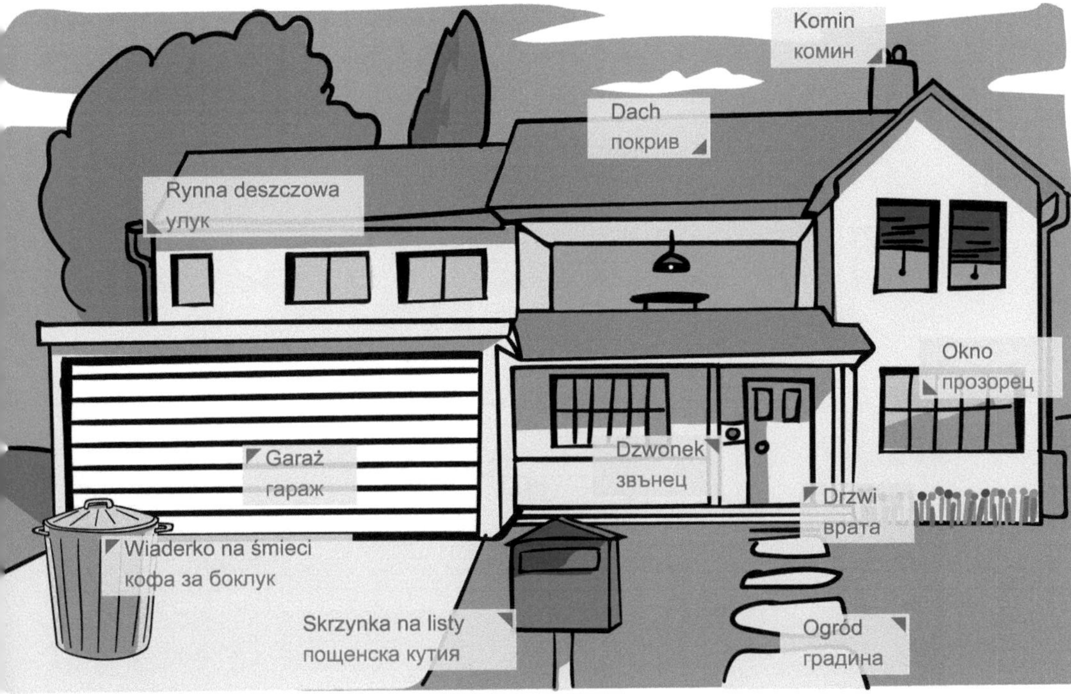

Komin
комин
Dach
покрив
Rynna deszczowa
улук
Okno
прозорец
Garaż
гараж
Dzwonek
звънец
Drzwi
врата
Wiaderko na śmieci
кофа за боклук
Skrzynka na listy
пощенска кутия
Ogród
градина


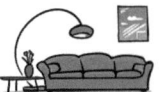

Pokój dzienny

всекидневна

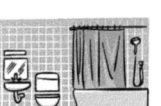

Łazienka

баня

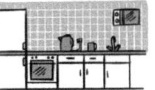

Kuchnia

кухня

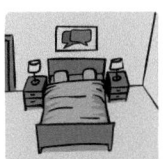

Sypialnia

спалня

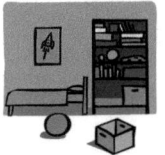

Pokój dziecięcy

детска стая

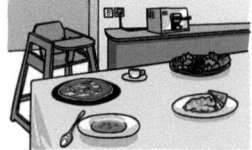

Jadalnia

трапезария

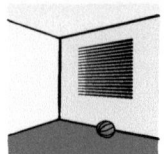

**Ziemia**

под

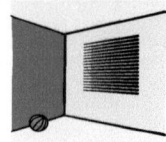

**Ściana**

стена

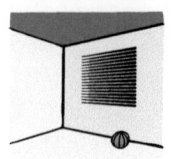

**Koc**

таван

**Piwnica**

изба

**Sauna**

сауна

**Balkon**

балкон

**Taras**

тераса

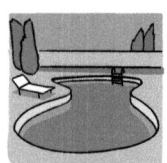

**Basen**

плувен басейн

**Kosiarka do trawy**

косачка

**Poszwa**

спално бельо

**Kołdra**

покривка за легло

**Łóżko**

легло

**Miotła**

метла

**Wiadro**

кофа

**Włącznik**

електрически ключ

# Pokój dzienny
## всекидневна

Tapeta
тапет
Obraz
картина
Lampa
лампа
Regał
рафт
Szafa
шкаф
Telewizor
телевизор
Komin
камина
Kwiat
цвете
Poduszka
възглавница
Kanapa
канапе
Wazon
ваза
Pilot
дистанционно управление

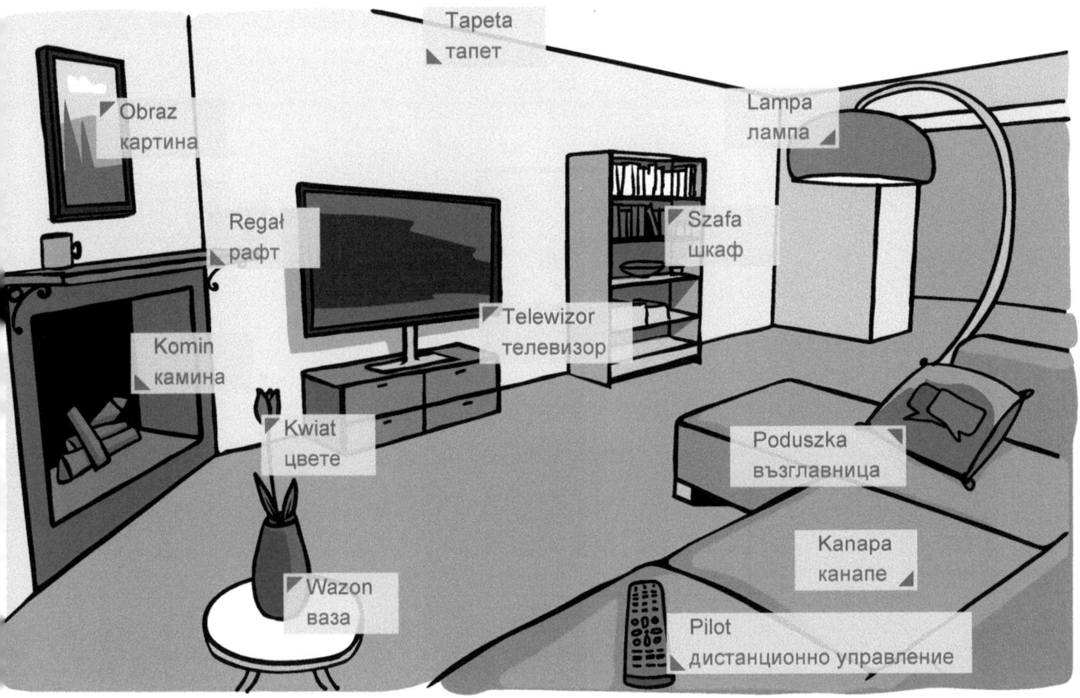

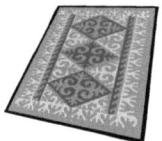

Dywan

килим

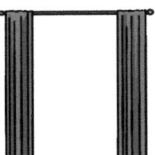

Zasłona

завеса

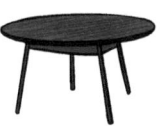

Stół

маса

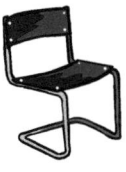

Krzesło

стол

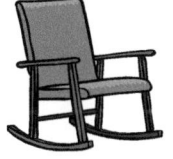

Bujak

люлеещ се стол

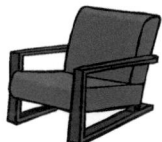

Fotel

кресло

**Książka**

книга

**Sufit**

одеяло

**Dekoracja**

декорация

**Drewno kominkowe**

дърва за отопление

**Film**

филм

**Instalacja stereo**

стерео уредба

**Klucz**

ключ

**Gazeta**

вестник

**Malunek**

живопис

**Plakat**

постер

**Radio**

радио

**Notatnik**

бележник

**Odkurzacz**

прахосмукачка

**Kaktus**

кактус

**Świeczka**

свещ

# Kuchnia
## кухня

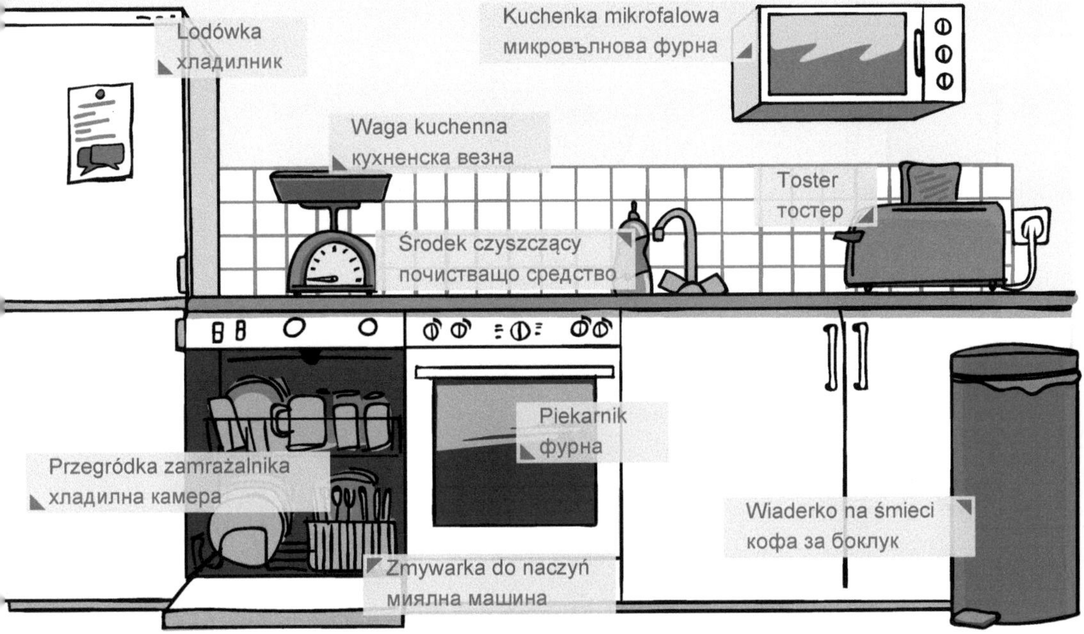
Lodówka
хладилник
Kuchenka mikrofalowa
микровълнова фурна
Waga kuchenna
кухненска везна
Toster
тостер
Środek czyszczący
почистващо средство
Piekarnik
фурна
Przegródka zamrażalnika
хладилна камера
Wiaderko na śmieci
кофа за боклук
Zmywarka do naczyń
миялна машина

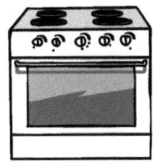

Kuchenka
готварска печка

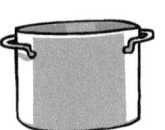

Garnek
тенджера

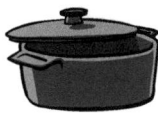

Kocioł żeliwny
желязна тенджера

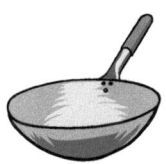

Wok / Kadai
уок / кадаи

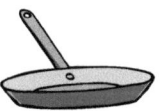

Patelnia
тиган

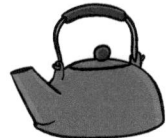

Czajnik
кана за затопляне на вода

**Parowar**

уред за готвене на пара

**Blacha do pieczenia**

тава за печене

**Naczynia kuchenne**

съдове

**Kubek**

чаша

**Miska**

купа

**Pałeczki**

клечки за хранене

**Nabierka**

черпак

**Łopatka do smażenia**

лопатка за тиган

**Trzepaczka do śmietany**

тел за разбиване (на яйца, белтъци)

**Cedzak**

кошница за варене

**Sitko**

гевгир

**Tarka**

ренде

**Moździerz**

хаван

**Grillowanie**

барбекю

**Palenisko**

огнище

Deska

дъска

Wałek do ciasta

точилка

Korkociąg

тирбушон

Puszka

кутия

Otwieracz do puszek

отварачка за консерви

Ściereczka do trzymania garnka

кухненска ръкохватка

Umywalka

мивка

Szczotka

четка

Gąbka

гъба

Mikser

миксер

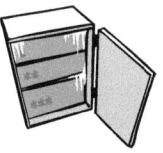

Zamrażarka

фризер

Butelka dla niemowlęcia

бебешко шише

Kran

воден кран

# Łazienka

## баня

Ogrzewanie
отопление
Ręcznik
хавлиена кърпа
Płyn do kąpieli
шампоан за вана
Prysznic
душ
Kotara prysznicowa
завеса за баня
Wanna kąpielowa
вана
Szklanka
стъклена чаша
Pralka
перална машина
Kran
воден кран
Kafelki
плочки
Nocnik
гърне
Umywalka
мивка

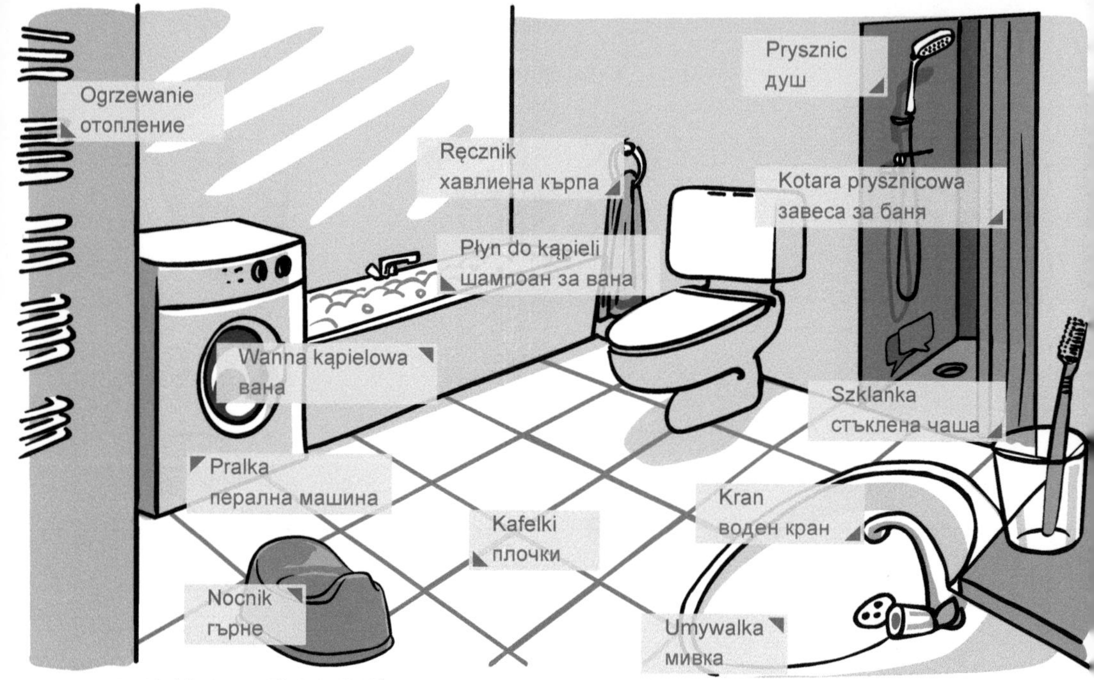

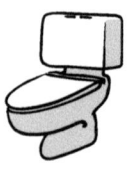

Toaleta

тоалетна

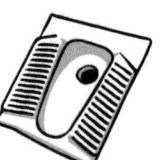

Toaleta kuczna

клекало

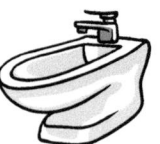

Bidet

биде

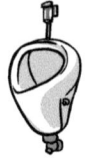

Pisuar

писоар

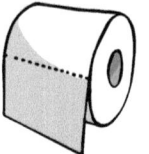

Papier toaletowy

тоалетна хартия

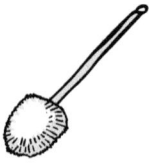

Szczotka toaletowa

четка за тоалетна

Szczoteczka do zębów

четка за зъби

Pasta do zębów

паста за зъби

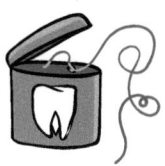

Nitki do czyszczenia zębów

конец за зъби

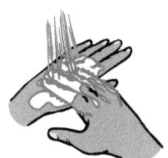

myć

мия

Głowica prysznicowa

ръчен душ

Płyn kąpielowy do higieny intymnej

интимен душ

Miska do mycia

леген

Szczotka kąpielowa

четка за гръб

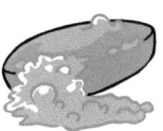

Mydło

сапун

Żel prysznicowy

душ гел

Szampon

шампоан за вана

Rękawica kąpielowa

гъба за баня

Odpływ

сифон

Krem

крем

Dezodorant

дезодорант

**Lustro**

огледало

**Lustro kosmetyczne**

козметично огледало

**Golarka**

ръчна самобръсначка

**Pianka do golenia**

пяна за бръснене

**Woda po goleniu**

одеколон за след
бръснене

**Grzebień**

гребен

**Szczotka**

четка

**Suszarka do włosów**

сешоар

**Spray do włosów**

спрей за коса

**Makijaż**

грим

**Pomadka**

червило

**Lakier do paznokci**

лак за нокти

**Wata**

памук

**Nożyczki do paznokci**

ножица за нокти

**Perfum**

парфюм

**Kosmetyczka**

тоалетна чантичка

**Taboret**

табуретка

**Waga**

везна

**Szlafrok kąpielowy**

хавлия

**Rękawice gumowe**

домакински ръкавици

**Tampon**

тампон

**Podpaska damska**

дамски превръзки

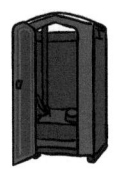

**Toaleta chemiczna**

химическа тоалетна

# Pokój dziecięcy

## детска стая

Budzik
будилник
Pluszowa przytulanka
плюшена играчка
Samochodzik
автомобил играчка
Grzechotka
дрънкалка
Domek dla lalek
къща за кукли
Prezent
подарък


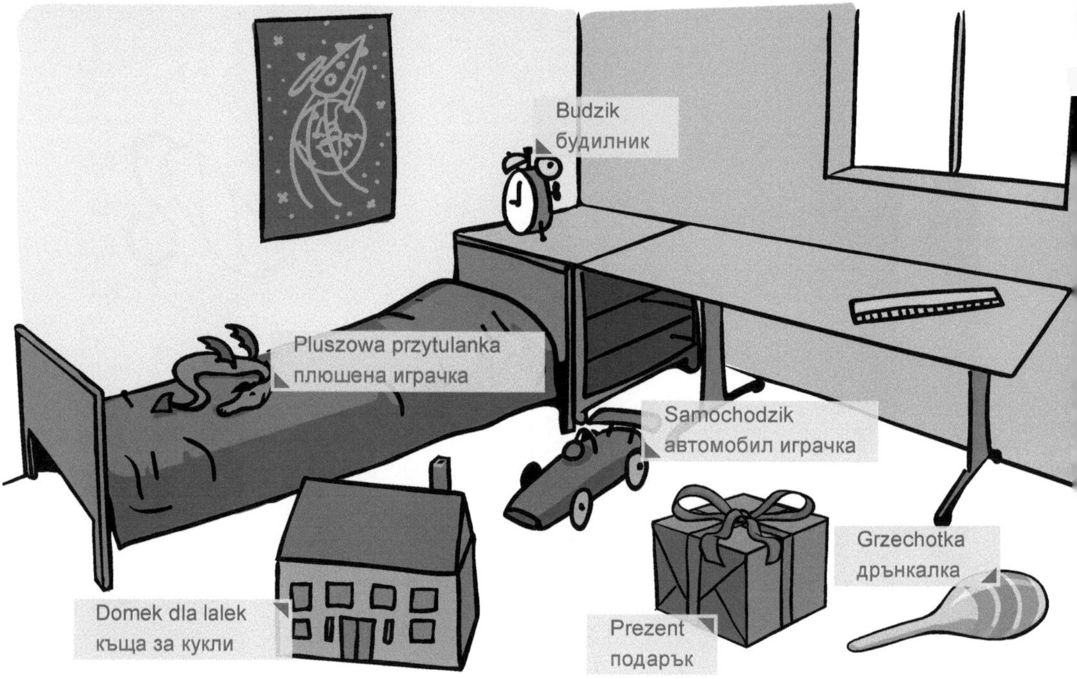

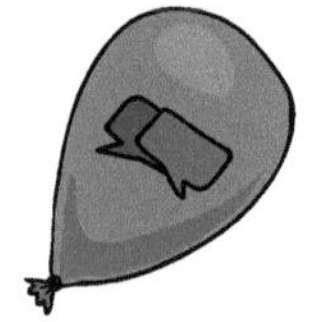

Balon

балон

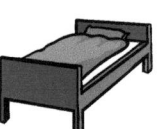

Łóżko

легло

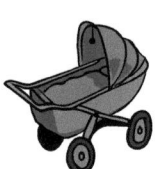

Wózek dziecięcy

детска количка

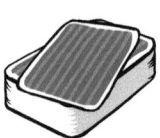

Gra w karty

игра на карти

Puzzle

пъзел

SUPER
MEGA


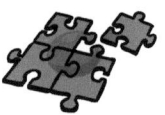

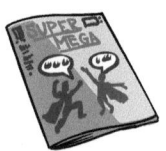

Komiks

комикс

Klocki lego

лего елементи

Klocki

строителни елементи

Action figura

екшън фигурка

Śpioszek dziecięcy

бебешки гащеризон

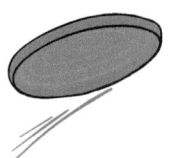

Frisbee

фрисби

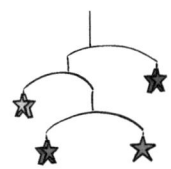

Zabawki ruchome

бебешки играчки за легло

Gra planszowa

настолна игра

Kości

зарче

Kolejka elektryczna

миниатюрно влакче

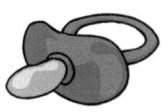

Smoczek

биберон

Przyjęcie

парти

Książka z ilustracjami

детска книга с илюстрации

Piłka

топка

Lalka

кукла

bawić się

играя

**Piaskownica**

пясъчник

**Huśtawka**

люлка

**Zabawki**

играчка

**Konsola do gier**

игрова конзола

**Rowerek trójkołowy**

велосипед с три колелета

**Pluszowy miś**

плюшено мече

**Szafa ubraniowa**

гардероб

# Ubiór

## облекло

**Skarpety**

къси чорапи

**Pończochy**

дълги чорапи

**Rajstopy**

чорапогащник

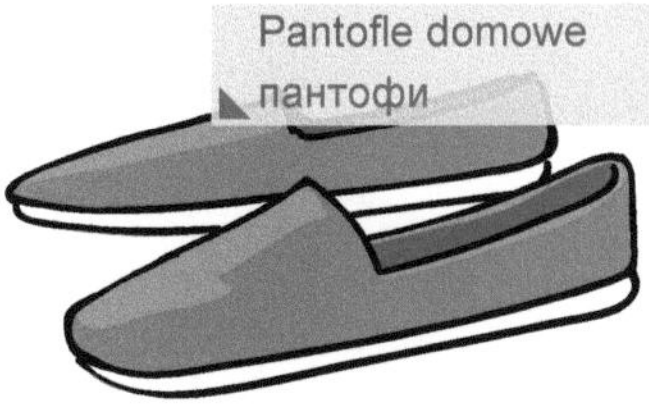

Szal
шал

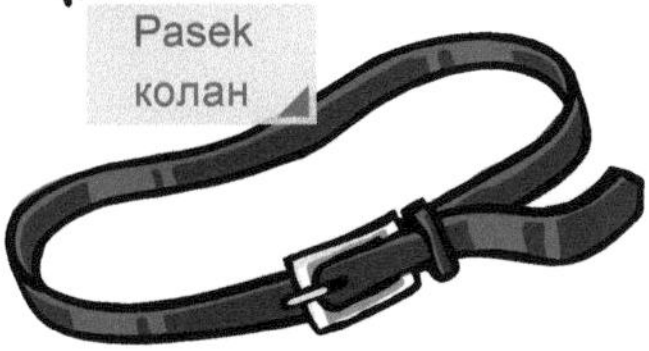

Parasol
чадър

T-Shirt
Т-шърт

Pasek
колан

Kozaki
ботуши

Pantofle domowe
пантофи

Obuwie sportowe
гуменки

Sandały
·················
сандали

Buty
·················
обувки

Kalosze
·················
гумени ботуши

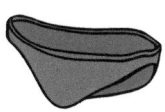

Majtki
·················
слип

Biustonosz
·················
сутиен

Podkoszulek
·················
долна блуза

Body

боди

Spodnie

панталон

Dżins

дънки

Spódnica

пола

Bluzka

блуза

Koszula

риза

Pulower

пуловер

Bluza sportowa

суичър

Marynarka

блейзър

Kurtka

яке

Płaszcz

палто

Płaszcz przeciwdeszczowy

дъждобран

Kostium

костюм

Sukienka

рокля

Suknia ślubna

булчинска рокля

**Garnitur męski**

костюм

**Koszula nocna**

нощница

**Piżama**

пижама

**Sari**

сари

**Chusta na głowę**

кърпа за глава

**Burka**

бурка

**Kaftan**

кафтан

**Abaya**

абая

**Strój kąpielowy**

бански костюм

**Kąpielówki**

плувни шорти

**Krótkie spodnie**

къс панталон

**Dres sportowy**

анцуг

**Fartuch**

престилка

**Rękawiczki**

ръкавици

Turban

тюрбан

**Guzik**

копче

**Okulary**

очила

**Bransoletka**

гривна

**Łańcuszek**

верижка

**Pierścionek**

пръстен

**Kolczyk**

обеца

**Czapka**

каскет

**Wieszak**

закачалка

**Kapelusz**

шапка

**Krawat**

вратовръзка

**Zamek błyskawiczny**

цип

**Kask**

каска

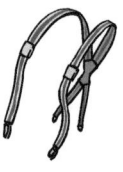

**Szelki**

тиранти

**Mundurek szkolny**

ученическа униформа

**Mundur**

униформа

Śliniaczek

лигавник

Smoczek

биберон

Pieluszka

пелена

## Biuro
## офис

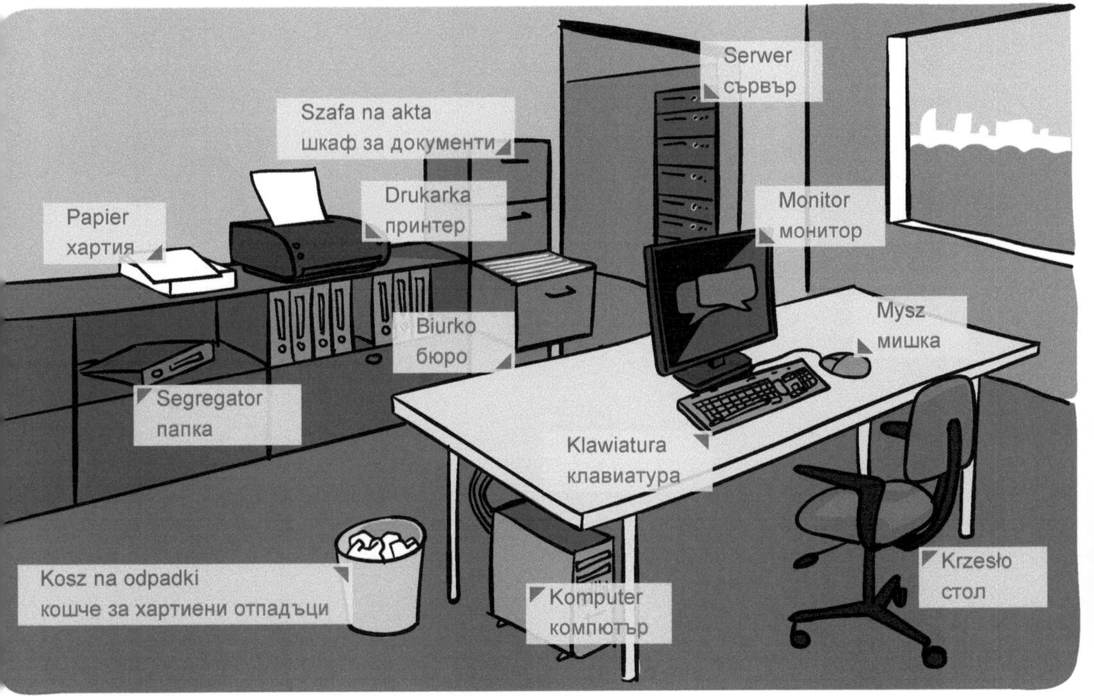

Serwer
сървър

Szafa na akta
шкаф за документи

Drukarka
принтер

Monitor
монитор

Papier
хартия

Biurko
бюро

Mysz
мишка

Segregator
папка

Klawiatura
клавиатура

Kosz na odpadki
кошче за хартиени отпадъци

Komputer
компютър

Krzesło
стол

Filiżanka do kawy

чаша за кафе

Kalkulator

джобен калкулатор

Internet

интернет

**Laptop**

лаптоп

**List**

писмо

**Wiadomość**

съобщение

**Komórka**

мобилен телефон

**Sieć**

мрежа

**Kopiarka**

ксерокс

**Oprogramowanie**

софтуер

**Telefon**

телефон

**Gniazdko**

контакт

**Faks**

факс

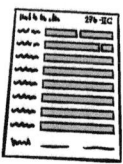

**Formularz**

формуляр

**Dokument**

документ

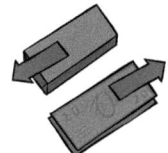

kupić

купувам

płacić

плащам

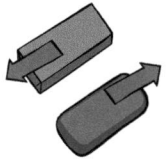

postępować

търгувам

Pieniądze

пари

Dolar

долар

Euro

евро

Jen

йена

Rubel

рубла

Frank

швейцарски франк

Juan Renminbi

ренминби юан

Rupia

рупия

Bankomat

банкомат

Kantor wymiany walut

обменно бюро

Złoto

злато

Srebro

сребро

Olej

нефт

Energia

енергия

Cena

цена

Umowa

договор

Podatek

данък

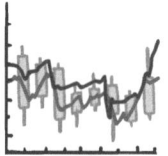

Akcja

акция

pracować

работя

Pracownik umysłowy

служител

Pracodawca

работодател

Fabryka

фабрика

Sklep

магазин за цветя

# Zawody
# професии

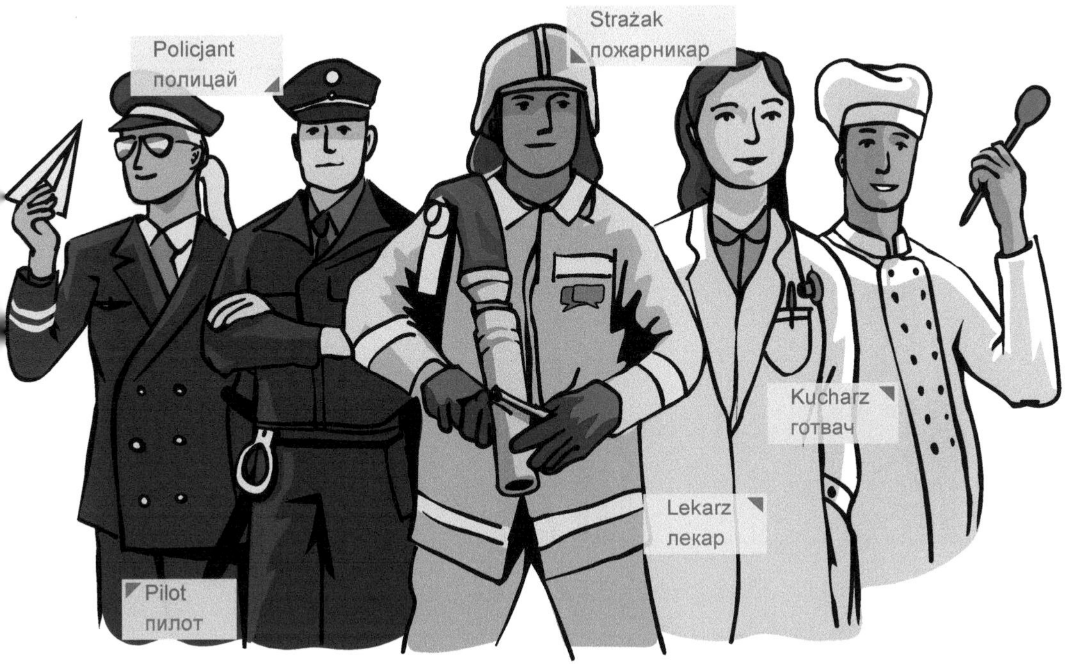
Policjant
полицай
Strażak
пожарникар
Kucharz
готвач
Lekarz
лекар
Pilot
пилот

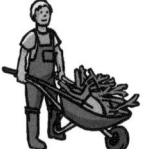

Ogrodnik
...................
градинар

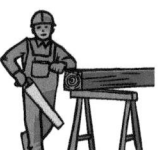

Stolarz
...................
мебелист

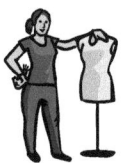

Krawcowa
...................
шивачка

Sędzia
...................
съдия

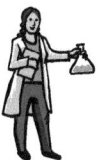

Chemik
...................
химик

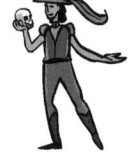

Aktor
...................
артист

**Kierowca autobusu**

шофьор на автобус

**Taksówkarz**

шофьор на такси

**Fischer**

рибар

**Sprzątaczka**

чистачка

**Dekarz**

майстор на покриви

**Kelner**

келнер

**Myśliwy**

ловец

**Malarz**

художник

**Piekarz**

хлебар

**Elektryk**

електротехник

**Robotnik budowlany**

строителен работник

**Inżynier**

инженер

**Rzeźnik**

касапин

**Instalator**

тенекеджия

**Listonosz**

пощальон

**Żołnierz**

войник

**Architekt**

архитект

**Kasjer**

касиер

**Florysta**

цветар

**Fryzjer**

фризьор

**Konduktor**

кондуктор

**Mechanik**

механик

**Kapitan**

капитан

**Dentysta**

зъболекар

**Naukowiec**

научен работник

**Rabin**

равин

**Imam**

имàм

**Mnich**

монах

**Proboszcz**

свещеник

# Narzędzia

# инструменти

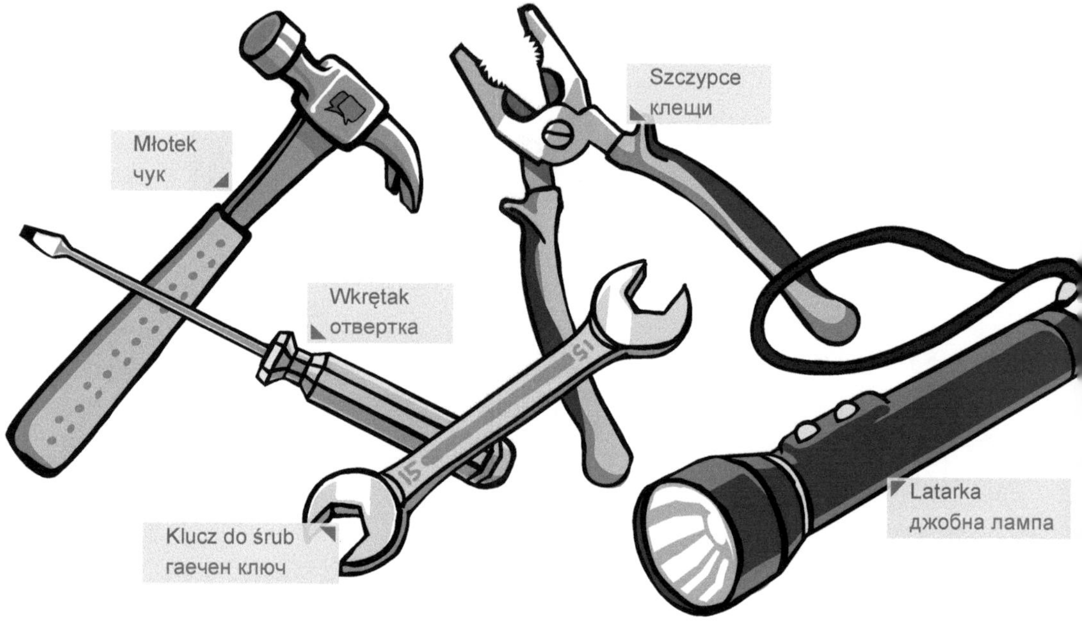
Szczypce
клещи
Młotek
чук
Wkrętak
отвертка
Latarka
джобна лампа
Klucz do śrub
гаечен ключ

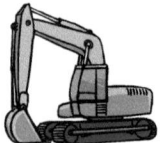

Koparka

багер

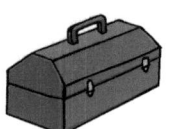

Skrzynka narzędziowa

кутия за инструменти

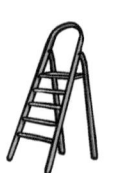

Drabina

стълба

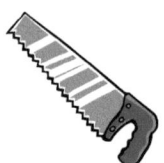

Piła

трион

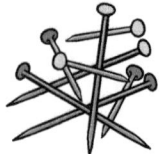

Gwoździe

пирони

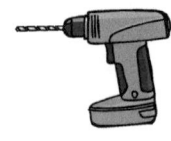

Wiertło

бормашина

naprawić

ремонтирам

Łopatka

лопата

Cholera!

По дяволите!

Szufelka

лопатка за смет

Puszka z farbą

кутия за боя

Śruby

болтове

# Instrumenty muzyczne
## музикални инструменти

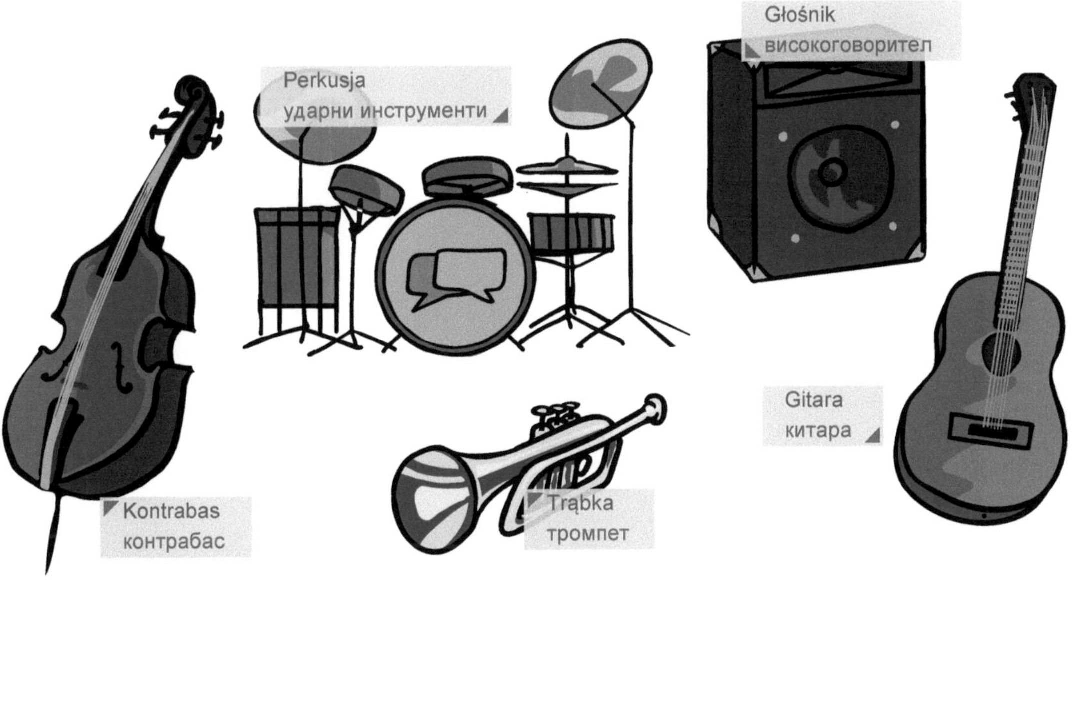

Głośnik
високоговорител

Perkusja
ударни инструменти

Kontrabas
контрабас

Trąbka
тромпет

Gitara
китара

**Pianino**

пиано

**Skrzypce**

виолина

**Bas**

контрабас

**Kotły**

тимпан

**Bęben**

барабан

**Keyboard**

електрическо пиано

**Saksofon**

саксофон

**Flet**

флейта

**Mikrofon**

микрофон

# Zoo

## зоологическа градина

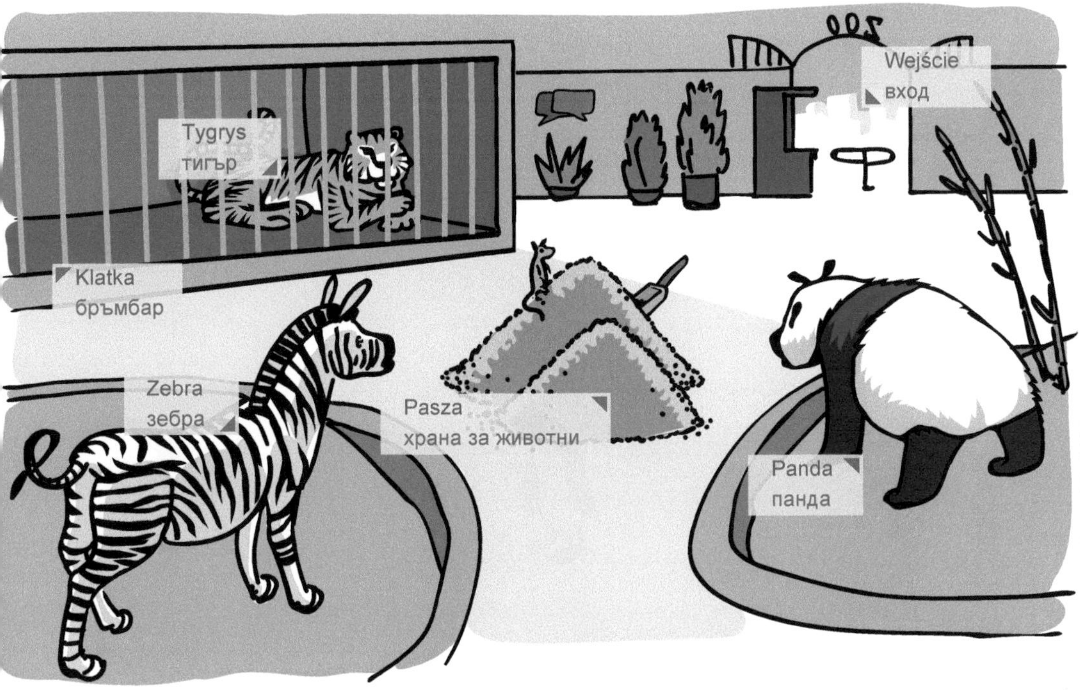

Wejście
вход
Tygrys
тигър
Klatka
бръмбар
Zebra
зебра
Pasza
храна за животни
Panda
панда


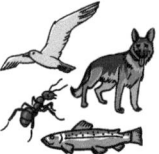

Zwierzęta

животни

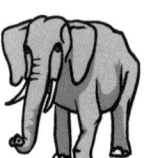

Słoń

слон

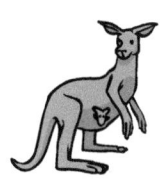

Kangur

кенгуру

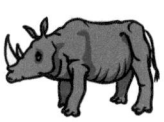

Nosorożec

носорог

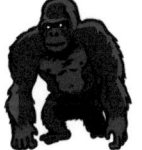

Goryl

горила

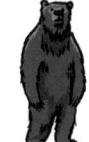

Niedźwiedź

мечка

Wielbłąd

камила

Struś

щраус

Lew

лъв

Małpa

маймуна

Fleming

фламинго

Papuga

папагал

Niedźwiedź polarny

бяла мечка

Pingwin

пингвин

Rekin

акула

Paw

паун

Wąż

змия

Krokodyl

крокодил

Dozorca w zoo

пазач в зоологическа
градина

Foka

тюлен

Jaguar

ягуар

**Kucyk**

пони

**Gepard**

леопард

**Hipopotam**

хипопотам

**Żyrafa**

жираф

**Orzeł**

орел

**Dzik**

диво прасе

**Ryba**

риба

**Żółw**

костенурка

**Mors**

морж

**Lis**

лисица

**Gazela**

газела

Futbol amerykański
американски футбол

Kolarstwo
колоездене

Tenis
тенис

Koszykówka
баскетбол

Pływanie
плуване

Boks
бокс

Hokej na lodzie
хокей на лед

Piłka nożna
футбол

Badminton
бадминтон

Lekka atletyka
лека атлетика

Piłka ręczna
хандбал

Narciarstwo
ски бягане

Polo
поло

# Działania
# дейности

skakać
скачам
objąć
прегръщам
śmiać się
смея се
iść
вървя
śpiewać
пея
marzyć
сънувам
modlić się
моля се
całować
целувам

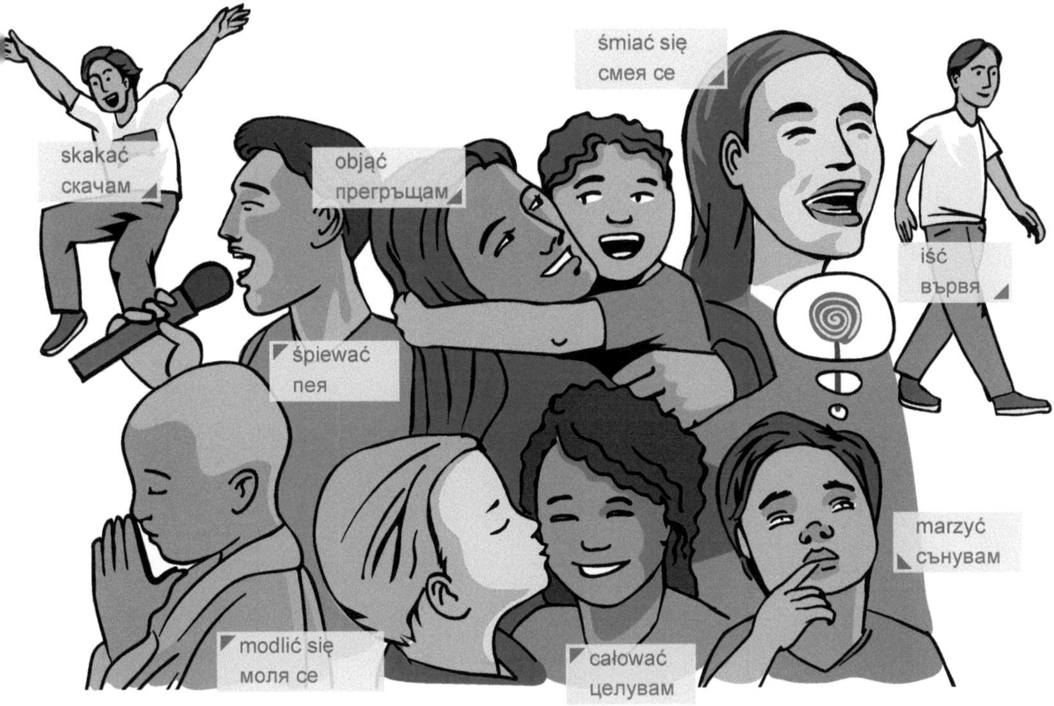

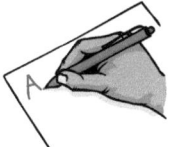

pisać
пиша

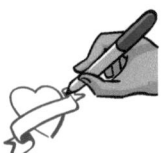

rysować
рисувам

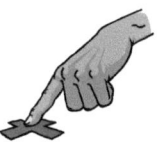

pokazywać
показвам

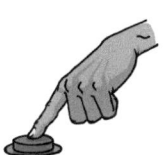

nacisnąć
бутам

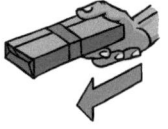

dać
давам

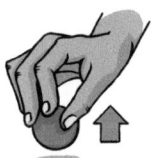

wziąć
взимам

mieć
имам

robić
правя

być
съм

stać
стоя

biegać
тичам

ciągnąć
дърпам

rzucać
хвърлям

spaść
падам

leżeć
лежа

czekać
чакам

nosić
нося

siedzieć
седя

zakładać
обличам

spać
спя

budzić się
събуждам се

spojrzeć

разглеждам

płakać

плача

głaskać

милвам

czesać się

реша се

mówić

говоря

rozumieć

разбирам

pytać

питам

słyszeć

слушам

pić

пия

jeść

ям

sprzątać

разтребвам

kochać

обичам

gotować

готвя

jechać

карам автомобил

latać

летя

żeglować

плавам (с платна)

liczyć

смятане

czytać

чета

uczyć się

уча

pracować

работя

wejść w związek małżeński

женя се

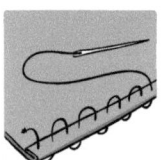

szyć

шия

myć zęby

измивам си зъбите

zabić

убивам

palić tytoń

пуша

wysłać

изпращам

Babcia
баба

Dziadek
дядо

Ojciec
баща

Matka
майка

Niemowlę
бебе

Córka
дъщеря

Syn
син

Gość

посетител

Ciotka

леля

Wujek

чичо

Brat

брат

Siostra

сестра

# Ciało

## тяло

Czoło
чело
Oko
око
Ramię
рамо
Palec
пръст
Twarz
лице
Broda
брадичка
Ręka
ръка
Noga
крак
Pierś
гърди
Ramię
ръка


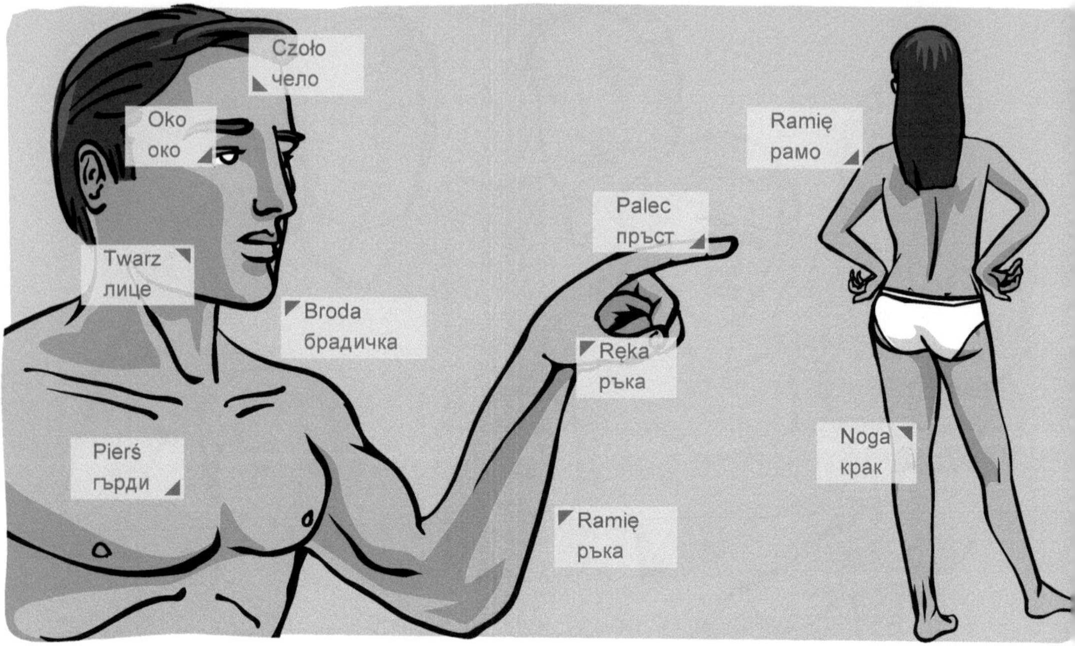

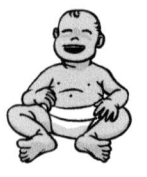

Niemowlę

бебе

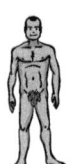

Mężczyzna

мъж

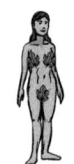

Kobieta

жена

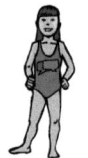

Dziewczyna

момиче

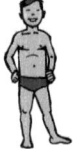

Chłopiec

момче

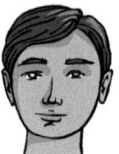

Głowa

глава

Plecy

гръб

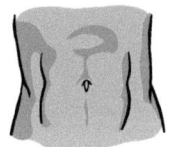

Brzuch

корем

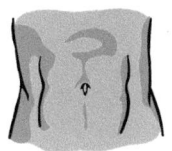

Pępek

пъп

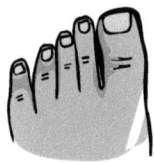

palec nogi

пръст на крака

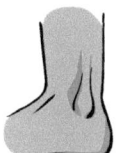

Pięta

пета

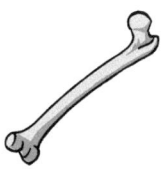

Kość

кост

Biodro

хълбок

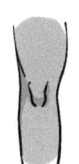

Kolano

коляно

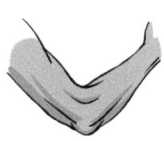

Łokieć

лакът

Nos

нос

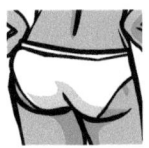

Pośladki

седалище

Skóra

кожа

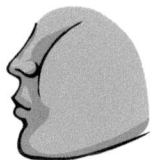

Policzek

буза

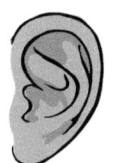

Uszy

ухо

Warga

устна

Ciało - тяло

69

Usta

уста

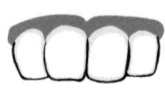

Ząb

зъб

Język

език

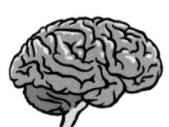

Mózg

мозък

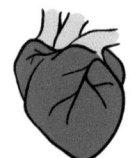

Serce

сърце

Mięsień

мускул

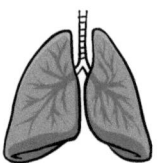

Płuca

бял дроб

Wątroba

черен дроб

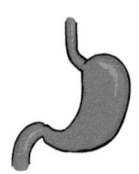

Żołądek

стомах

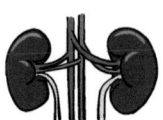

Nerki

бъбреци

Stosunek płciowy

полово сношение

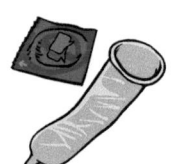

Kondom

кондом

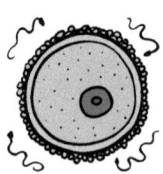

Komórka jajowa

яйцеклетка

Sperma

сперма

Ciąża

бременност

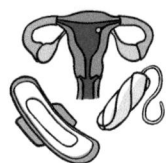

Menstruacja

менструация

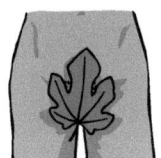

Wagina

вагина

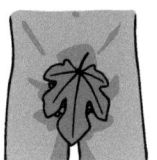

Penis

пенис

Brew

вежда

Włosy

коса

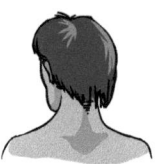

Szyja

шия

# Szpital
# болница

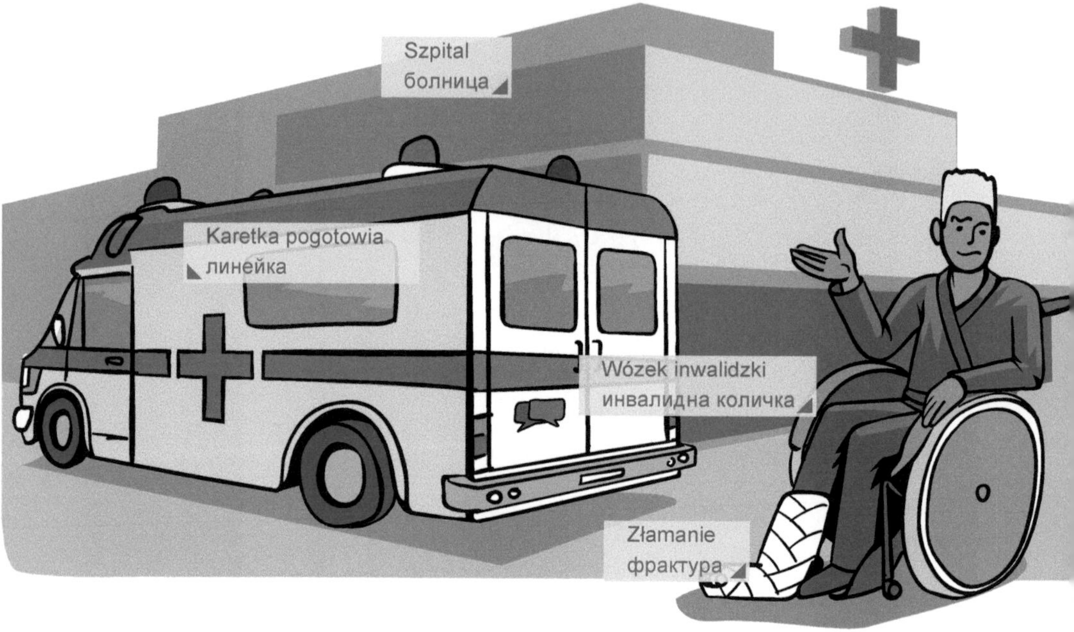

Szpital
болница
Karetka pogotowia
линейка
Wózek inwalidzki
инвалидна количка
Złamanie
фрактура

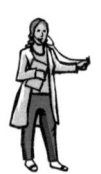

Lekarz

лекар

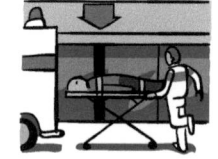

Izba przyjęć

спешна хоспитализация

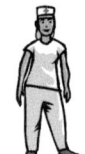

Pielęgniarka

медицинска сестра

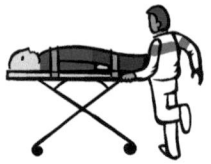

Nagły przypadek

спешен случай

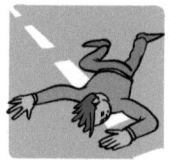

nieprzytomny

в безсъзнание

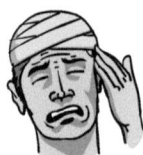

Ból

болка

**Skaleczenie**

нараняване

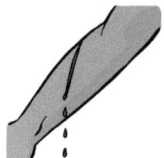

**Krwawienie**

кървене

**Zawał serca**

инфаркт

**Udar mózgu**

инсулт

**Alergia**

алергия

**Kaszleć**

кашлица

**Gorączka**

температура

**Grypa**

грип

**Biegunka**

диария

**Ból głowy**

главоболие

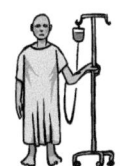

**Rak**

рак

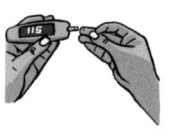

**Cukrzyca**

диабет

**Chirurg**

хирург

**Skalpel**

скалпел

**Operacja**

операция

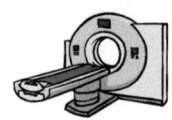

CT

компютърна томография

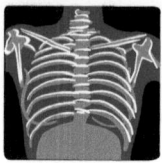

Rentgen

рентген

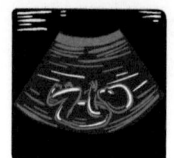

Ultradźwięki

ултразвук

Maska

маска

Choroba

болест

Poczekalnia

чакалня

Kula

патерица

Plaster

пластир

Opatrunek

превръзка

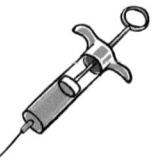

Iniekcja

инжекция

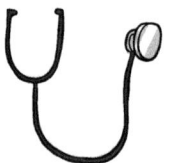

Stetoskop

стетоскоп

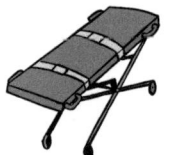

Nosze

носилка

Termometr

термометър

Poród

раждане

Nadwaga

наднормено тегло

Aparat słuchowy

слухов апарат

Środek dezynfekcyjny

дезинфекционно средство

Infekcja

инфекция

Wirus

вирус

HIV / AIDS

HIV / AIDS

Medycyna

медицина

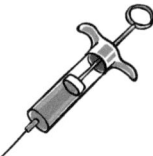

Szczepienie

ваксинация

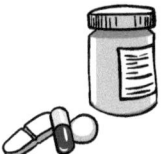

Tabletki

таблети

Pigułka

противозачатъчна таблетка

Telefon ratunkowy

спешно телефонно обаждане

Ciśnieniomierz krwi

апарат за измерване на кръвното налягане

chory / zdrowy

болен / здрав

Pomocy!

Помощ!

Alarm

сигнал за тревога

Napad

нападение

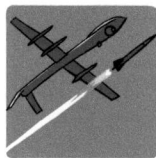

Atak

атака

Niebezpieczeństwo

опасност

Wyjście awaryjne

аварien изход

Pożar!

Пожар!

Gaśnica

пожарогасител

Wypadek

злополука

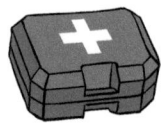

Walizeczka pierwszej
pomocy

комплект за оказване на
първа помощ

SOS

SOS

Policja

полиция

Europa

Европа

Ameryka Północna

Северна Америка

Ameryka Południowa

Южна Америка

Afryka

Африка

Azja

Азия

Australia

Австралия

Atlantyk

Атлантически океан

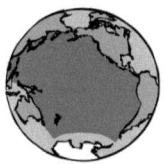

Pacyfik

Тихи океан

Ocean Indyjski

Индийски океан

Ocean Antarktyczny

Южен ледовит океан

Ocean Arktyczny

Северен ледовит океан

Biegun północny

Северен полюс

Biegun południowy

Южен полюс

Antarktyda

Антарктида

Ziemia

Земя

Kraj

суша

Morze

море

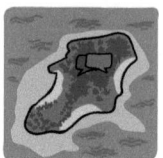

Wyspa

остров

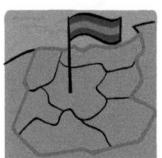

Naród

нация

Państwo

държава

Cyferblat

циферблат

Wskazówka godzinowa

стрелка на часовете

Wskazówka minutowa

стрелка на минутите

Wskazówka sekundowa

стрелка на секундите

Która godzina?

Колко е часът?

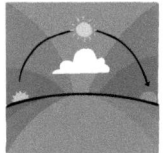

Dzień

ден

Czas

време

teraz

сега

Zegarek digitalny

дигитален часовник

Minuta

минута

Godzina

час

# Tydzień
## седмица

Poniedziałek
понеделник

Środa
сряда

Piątek
петък

MO

TU

W

TH

FR

SA

SO

Wtorek
вторник

Sobota
събота

Czwartek
четвъртък

Niedziela
неделя

wczoraj

вчера

dzisiaj

днес

jutro

утре

Rano

сутрин

Południe

обед

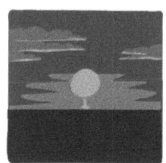

Wieczór

вечер

Dni robocze

работни дни

Weekend

уикенд

# Rok

# година

Deszcz
дъжд
Tęcza
дъга
Wiatr
вятър
Śnieg
сняг
Wiosna
пролет
Lato
лято
Jesień
есен
Zima
зима


4.APRIL 11°
5.APRIL 4°
6.APRIL 13°
7.APRIL 8°
8.APRIL 10°


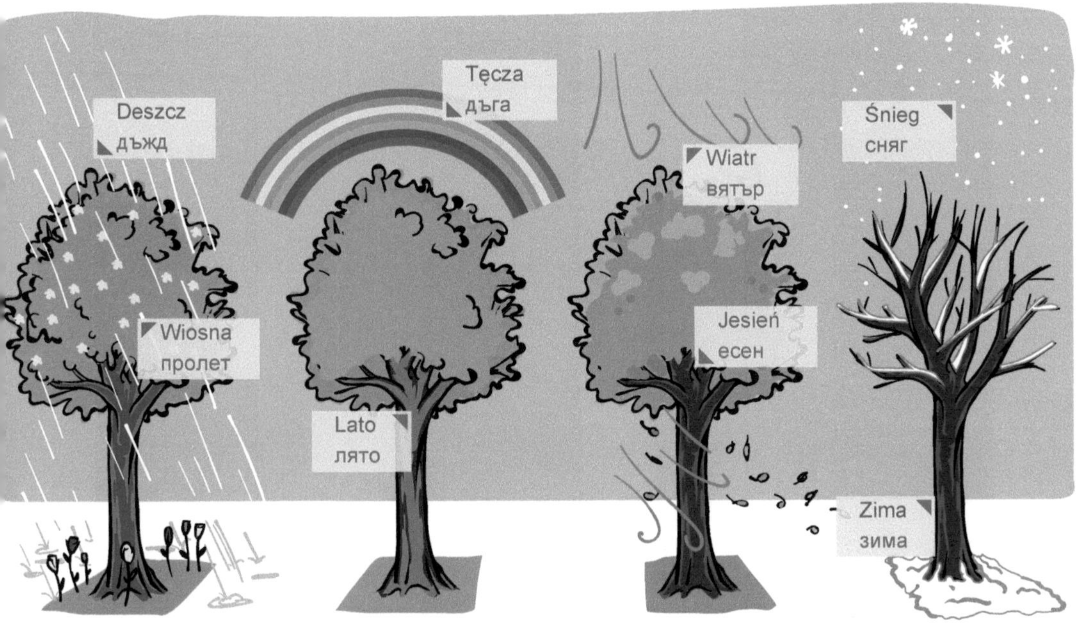

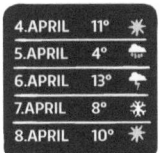

Prognoza pogody

прогноза за времето

F C
120 40
90 30
60 20
30 10
0 0
-30 -10
-20


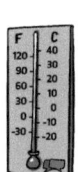

Termometr

термометър

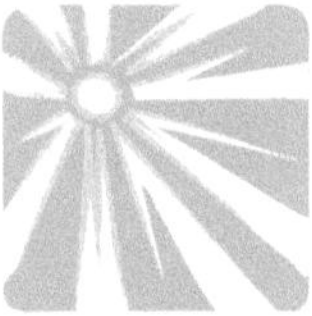

Światło słoneczne

слънчева светлина

Chmura

облак

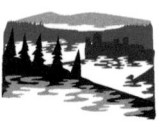

Mgła

мъгла

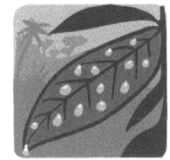

Wilgotność powietrza

влажност на въздуха

**Błyskawica**

светкавица

**Grzmot**

гръмотевица

**Sztorm**

буря

**Grad**

градушка

**Monsun**

мусон

**Potop**

наводнение

**Lód**

лед

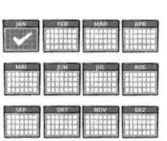

**Styczeń**

януари

**Luty**

февруари

**Marzec**

март

**Kwiecień**

април

**Maj**

май

**Czerwiec**

юни

**Lipiec**

юли

**Sierpień**

август

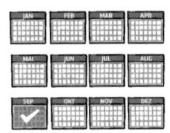

Wrzesień
................
септември

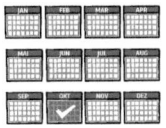

Październik
................
октомври

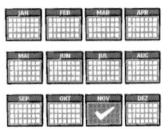

Listopad
................
ноември

Grudzień
................
декември

## Kształty
## форми

Koło
................
кръг

Kwadrat
................
квадрат

Prostokąt
................
четириъгълник

Trójkąt
................
триъгълник

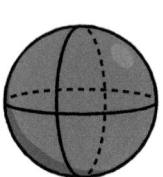

Kula
................
сфера

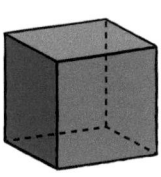

Sześcian
................
куб

# Kolory

## цветове

biały

бял

żółty

жълт

pomarańczowy

оранжев

różowy

розов

czerwony

червен

liliowy

лилав

niebieski

син

zielony

зелен

brązowy

кафяв

szary

сив

czarny

черен

dużo / mało

много / малко

wściekły / spokojny

ядосан / спокоен

piękny / brzydki

красив / грозен

początek / koniec

начало / край

duży / mały

голям / малък

jasny / ciemny

светъл / тъмен

brat / siostra

брат / сестра

czysty / brudny

чист / мръсен

kompletny / niekompletny

пълен / непълен

dzień / noc

ден / нощ

umarły / żywy

мъртъв / жив

szeroki / wąski

широк / тесен

jadalny / niejadalny

ядлив / неядлив

zły / uprzejmy

сърдит / любезен

podniecony / znudzony

развълнуван / скучаещ

gruby / chudy

дебел / тънък

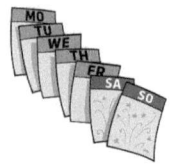

najpierw / na końcu

най-напред / най-накрая

przyjaciel / wróg

приятел / враг

pełen / pusty

пълен / празен

twardy / miękki

твърд / мек

ciężki / lekki

тежък / лек

głód / pragnienie

глад / жажда

chory / zdrowy

болен / здрав

nielegalny / legalny

нелегален / легален

inteligentny / głupi

интелигентен / глупав

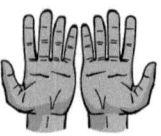

lewo / prawo

ляво / дясно

bliski / daleki

близо / далече

nowy / używany
нов / употребяван

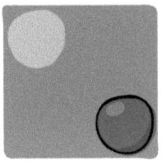

nic / coś
нищо / нещо

stary / młody
стар / млад

włącz / wyłącz
вкл. / изкл.

otwarty / zamknięty
отворен / затворен

cichy / głośny
тих / силен (звук)

bogaty / biedny
богат / беден

prawidłowy / błędny
правилен / погрешен

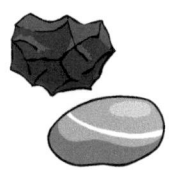

chropowaty / gładki
грапав / гладък

smutny / szczęśliwy
тъжен / щастлив

krótki / długi
дълъг / къс

powolny / szybki
бавен / бърз

mokry/suchy
мокър / сух

ciepły / chłodny
топъл / студен

wojna / pokój
война / мир

| 0 | 1 | 2 |
|---|---|---|
| zero | jeden | dwa |
| нула | едно | две |

| 3 | 4 | 5 |
|---|---|---|
| trzy | cztery | pięć |
| три | четири | пет |

| 6 | 7 | 8 |
|---|---|---|
| sześć | siedem | osiem |
| шест | седем | осем |

| 9 | 10 | 11 |
|---|---|---|
| dziewięć | dziesięć | jedenaście |
| девет | десет | единадесет |

**12**

dwanaście

дванадесет

**13**

trzynaście

тринадесет

**14**

czternaście

четиринадесет

**15**

piętnaście

петнадесет

**16**

szesnaście

шестнадесет

**17**

siedemnaście

седемнадесет

**18**

osiemnaście

осемнадесет

**19**

dziewiętnaście

деветнадесет

**20**

dwadzieścia

двадесет

**100**

sto

сто

**1.000**

tysiąc

хиляда

**1.000.000**

milion

милион

Angielski

английски

Angielski amerykański

американски английски

Chiński mandaryński

китайски мандарин

Hindi

хинди

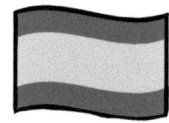

Hiszpański

испански

Francuski

френски

Arabski

арабски

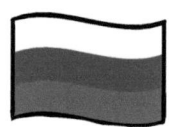

Rosyjski

руски

Portugalski

португалски

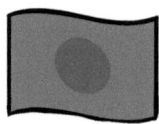

Bengalski

бенгалски

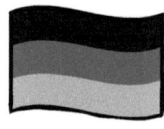

Niemiecki

немски

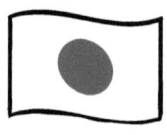

Japoński

японски

ja

аз

ty

ти

on / ona / ono

той / тя / то

my

ние

wy

вие

oni

те

kto?

кой?

co?

какво?

jak?

как?

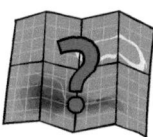

gdzie?

къде?

kiedy?

кога?

Nazwisko

име

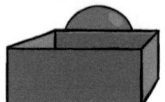

za
.................
зад

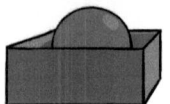

w
.................
в

przed
.................
пред

powyżej
.................
над

na
.................
върху

pod
.................
под

obok
.................
до

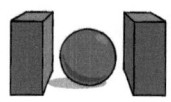

między
.................
между

Miejsce
.................
място